공 하나로 시작하는 **신나는 과학 탐험** **키즈 유니버시티**
KIDS UNIVERSITY

"OPTICAL PHYSICS FOR BABIES"

광학

크리스 페리 지음 | **정회성** 옮김

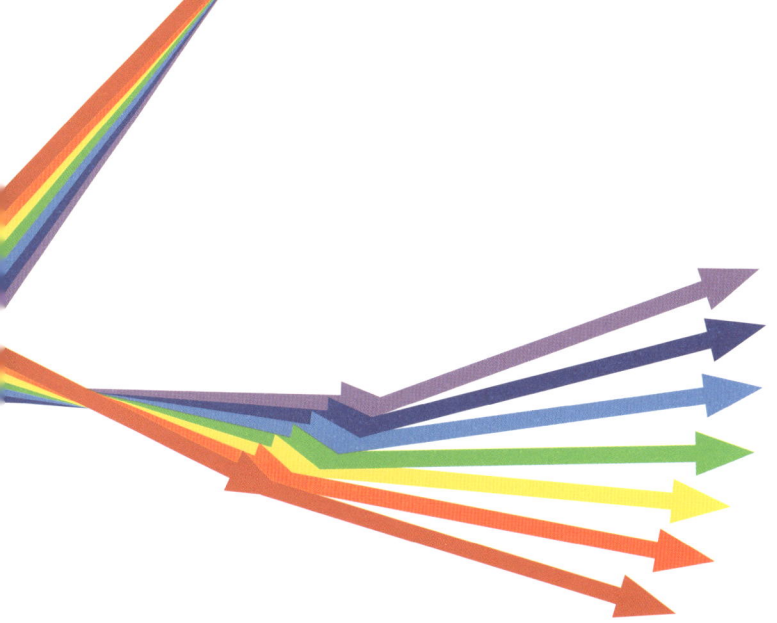

여기 공이 있어요.

이 공은 **빨간색**이에요.

빨간색 공은 **빨간색** 빛을 반사해요.

빨간색 공은 **파란색** 빛이나 **초록색** 빛은 흡수해요.

이 공은 투명해요.

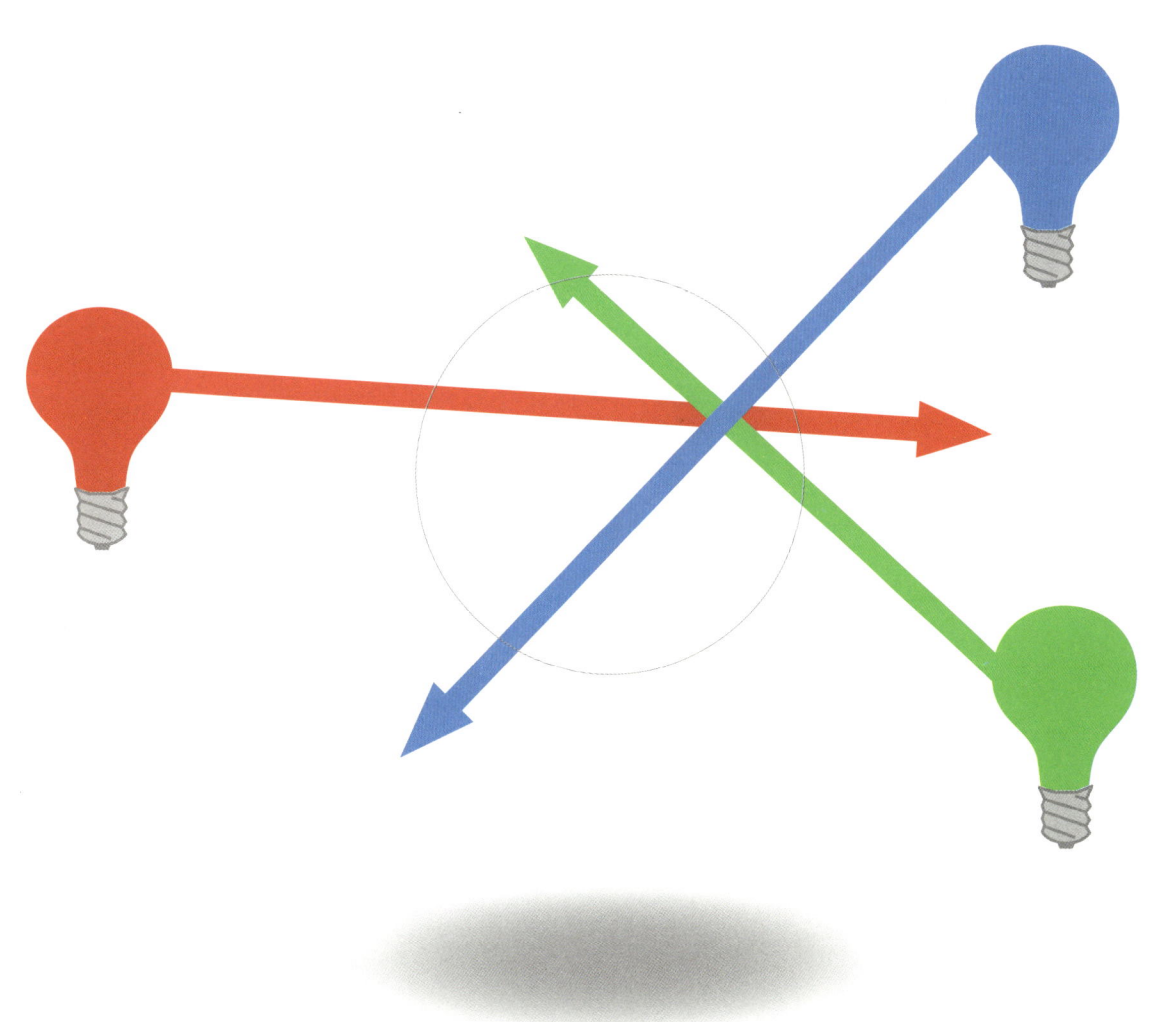

모든 색깔의 빛이 이 공을 통과해요.

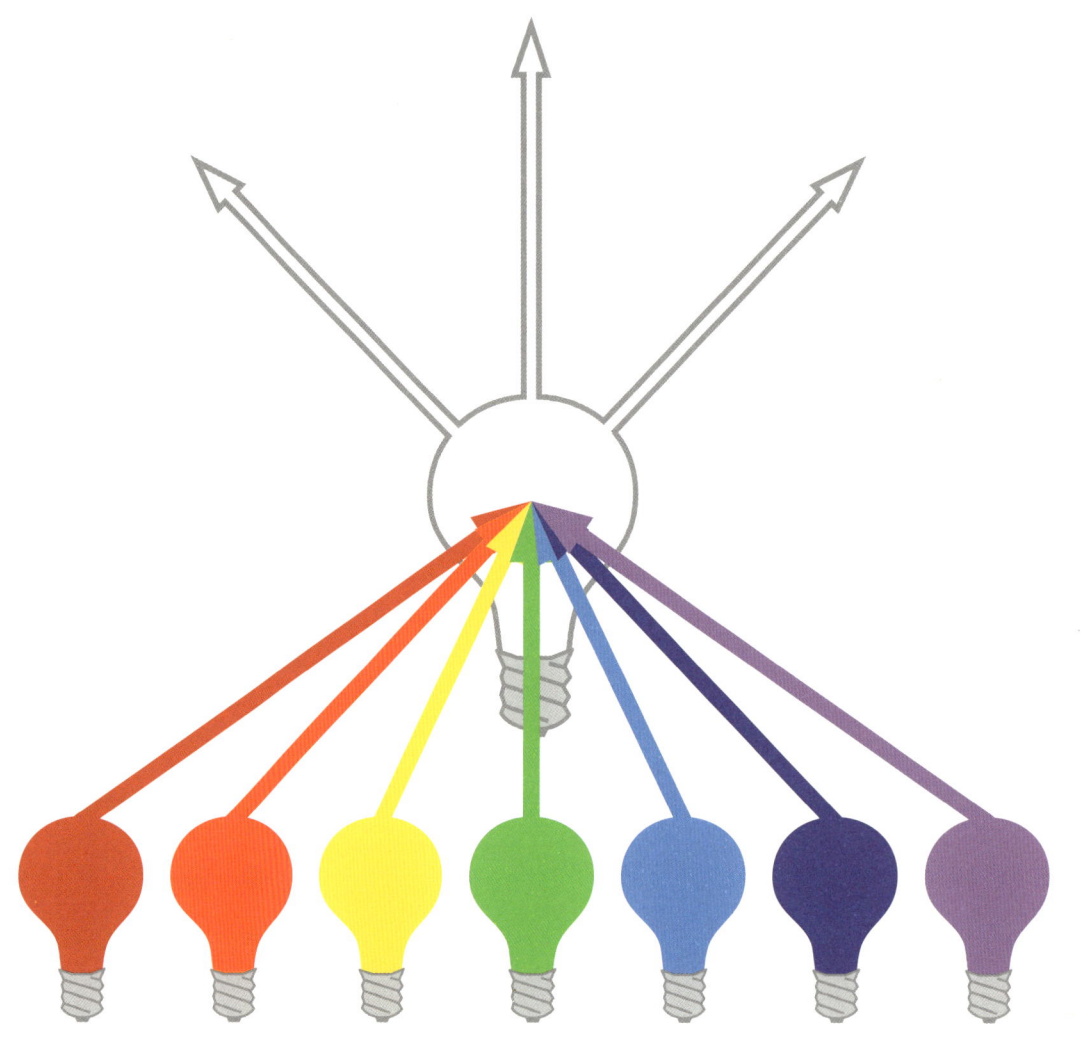

모든 색깔의 빛이 한곳에 모이면 흰색 빛이 돼요.

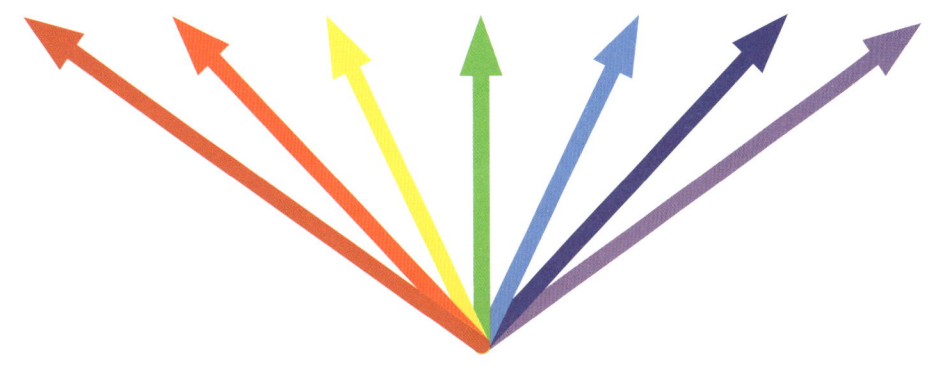

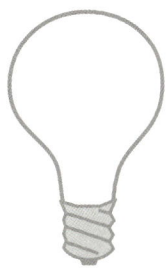

흰색 빛에는 모든 색깔의 빛이 담겨 있어요.

빛은 똑바로 나아가요.

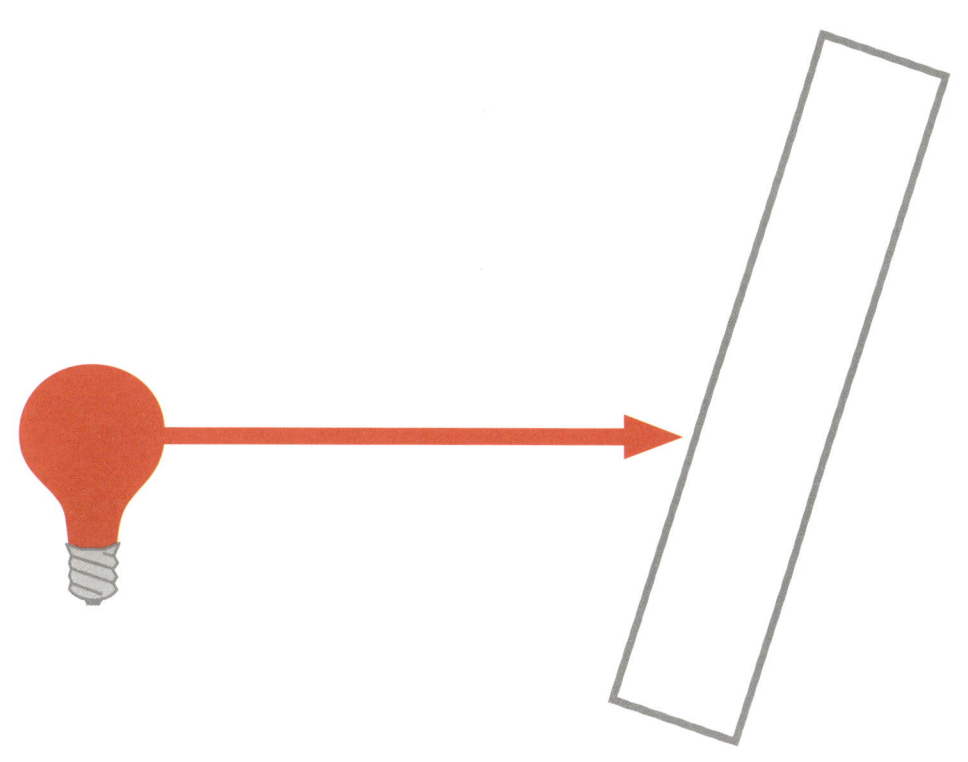

어딘가에 부딪히기 전까지는요.

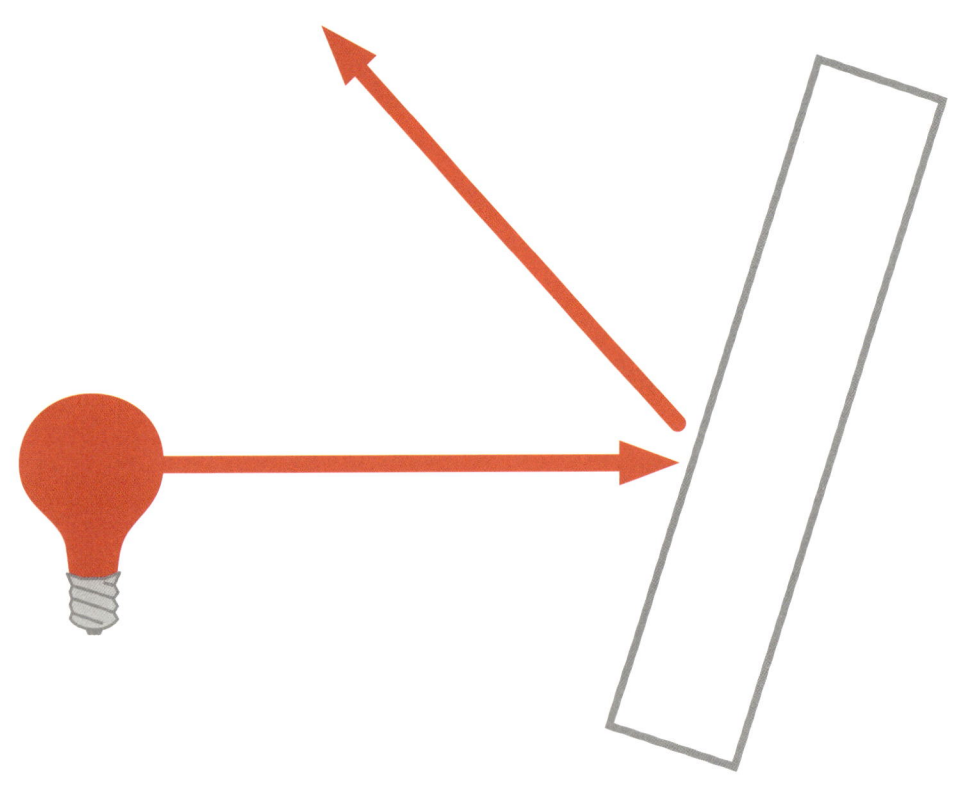

부딪힌 빛은 **반사**되거나

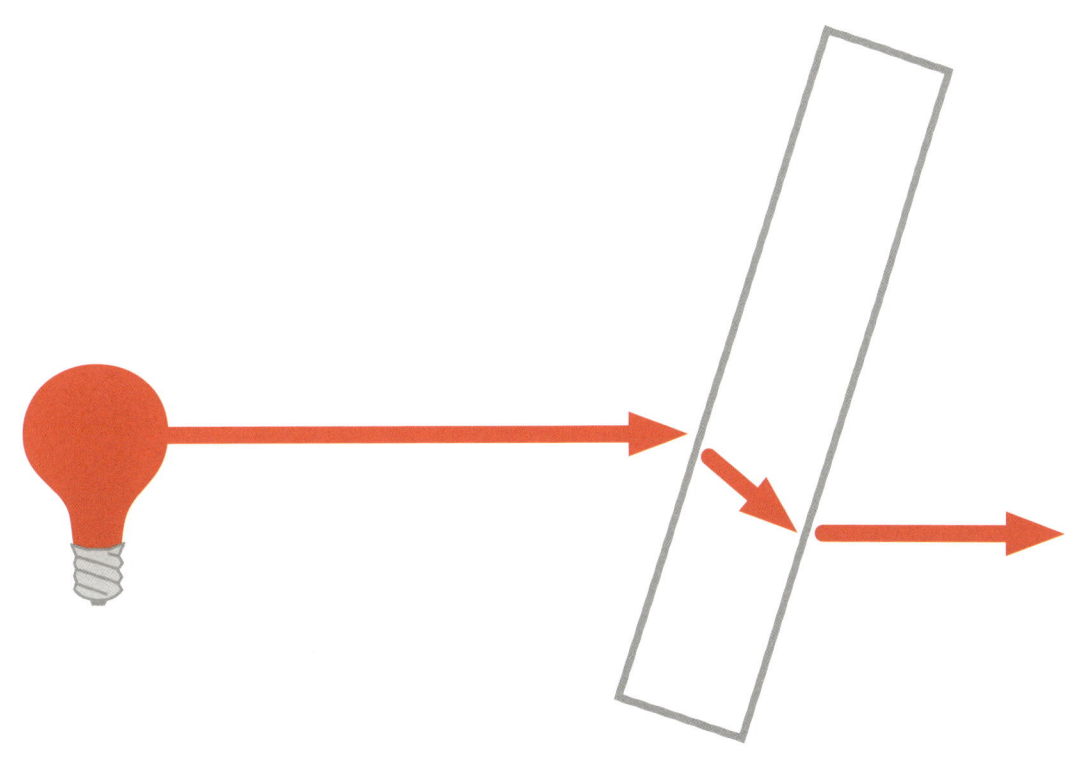

굴절돼요.

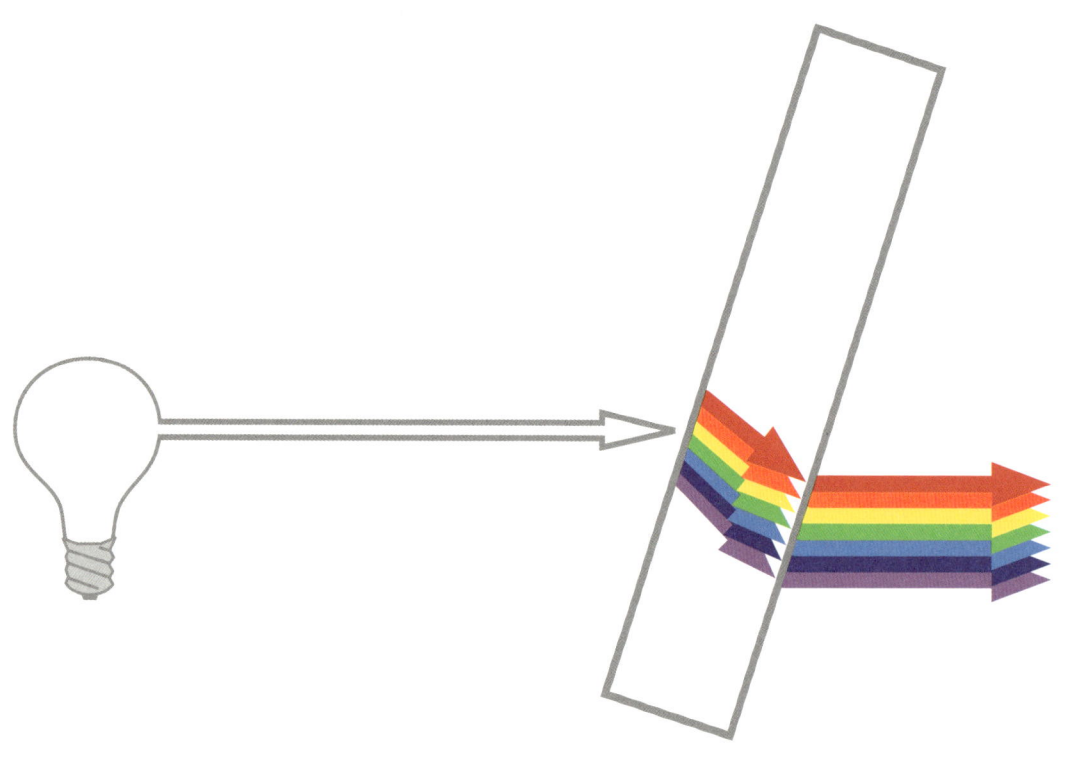

흰색 빛이 굴절되면,
다양한 색깔의 빛으로 나뉘어요.

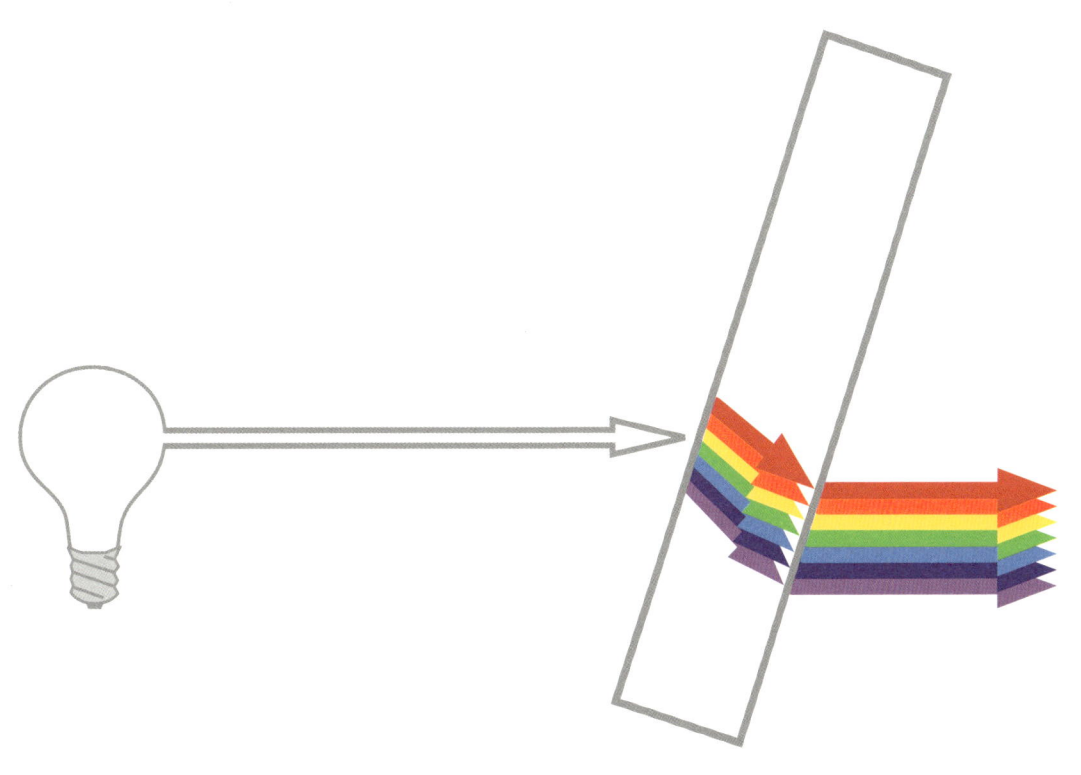

이것을 빛의 **분산**이라고 해요.

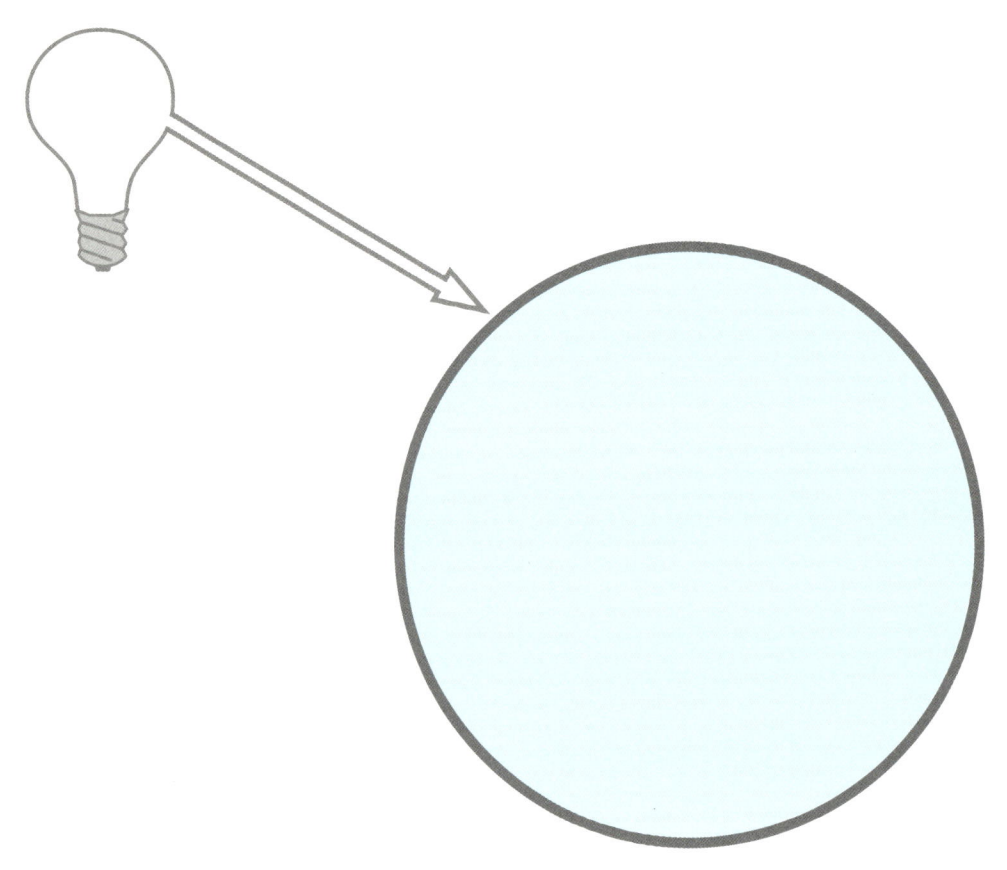

만약 흰색 빛이 빗방울에 부딪히면…

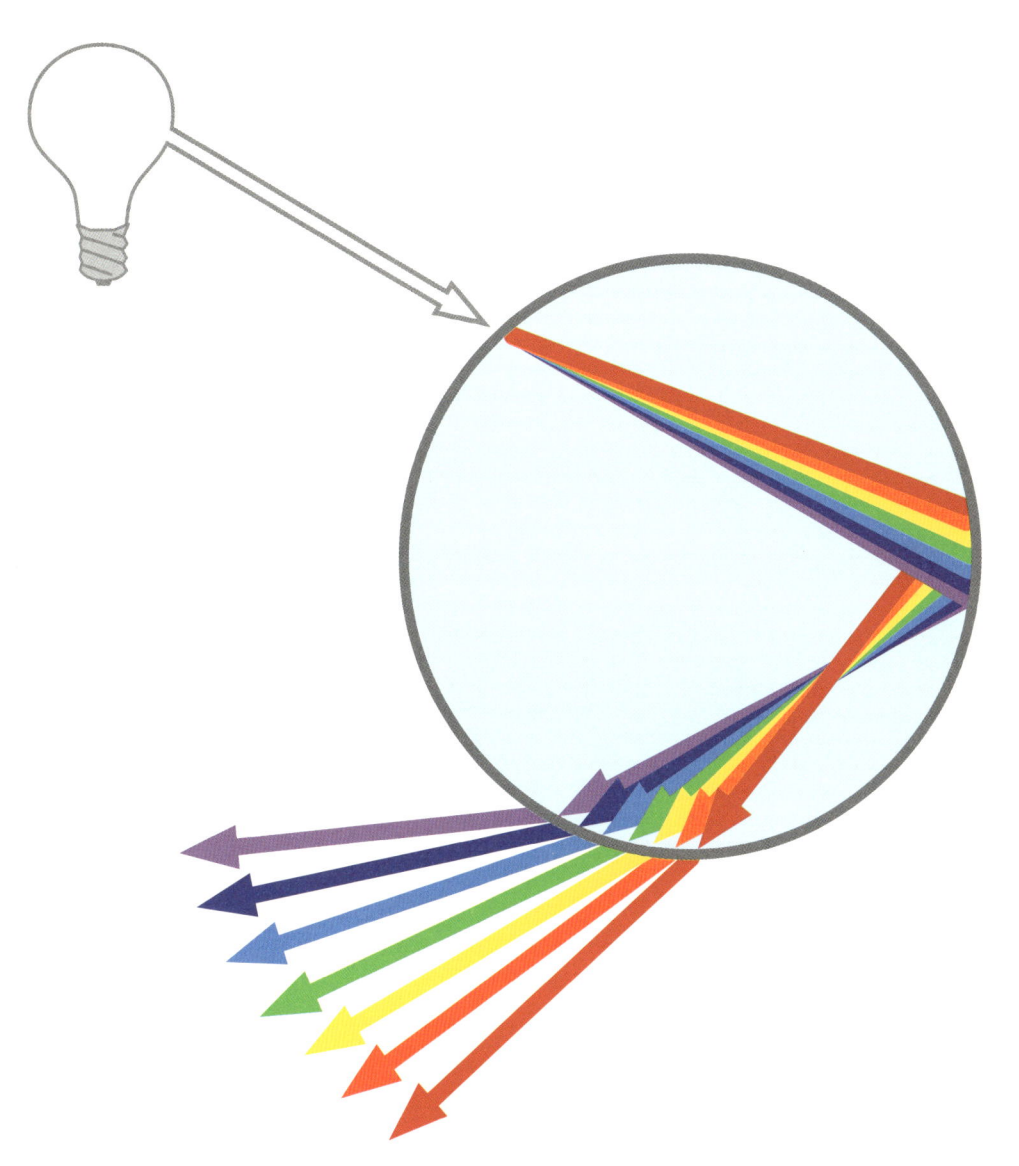

무지개가 되어서 나와요!

비가 그치고 햇빛이 비치면,
하늘에 뜬 무지개를 볼 수 있어요.

무지개색의 순서는
빛이 굴절되는 정도에 따라 정해져요.

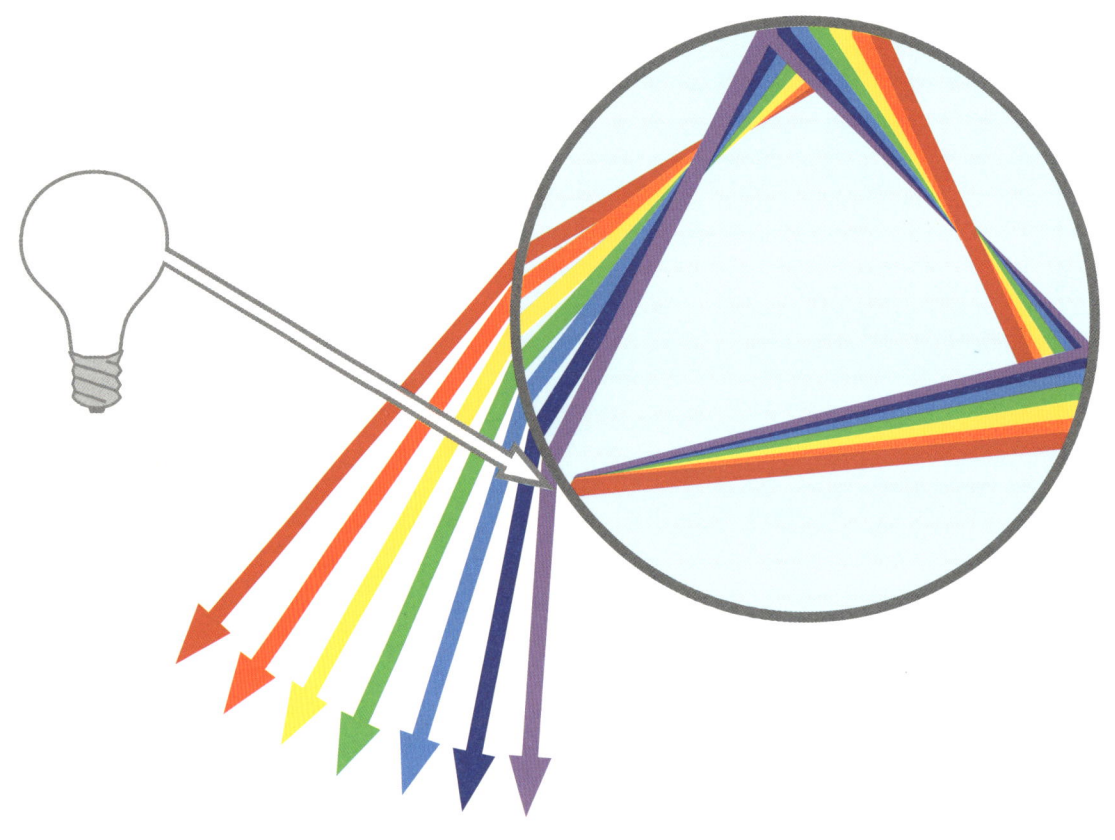

빛이 빗방울 안에서 두 번 반사될 때도 있어요.

그러면 무지개가 두 개 생겨요!

두 무지개의 **색깔 순서**는 서로 반대예요.

우리는 무지개를
일곱 가지 색으로 그리지만,

실제로는 이렇답니다.

왜냐하면 무지개는
모든 색을 담고 있기 때문이에요!

여러분은 이제

광학을

알았어요!

광학

초판 1쇄 발행 2023년 9월 25일

지은이 크리스 페리　**옮긴이** 정희성　**감수** 손정락
펴낸이 김현태　**펴낸곳** 책세상어린이　**등록** 2021년 1월 22일 제2021-000032호
주소 서울시 마포구 잔다리로 62-1, 3층(04031)　**전화** 02-704-1251　**팩스** 02-719-1258
이메일 editor@chaeksesang.com　**광고·제휴 문의** creator@chaeksesang.com
홈페이지 chaeksesang.com　**페이스북** /chaeksesang　**트위터** @chaeksesang
인스타그램 @chaeksesang　**네이버포스트** bkworldpub

ISBN 979-11-5931-970-9 74080
ISBN 979-11-5931-969-3 (세트)

잘못되거나 파손된 책은 구입하신 서점에서 교환해 드립니다.
책값은 뒤표지에 있습니다.
책세상어린이는 도서출판 책세상의 아동·청소년 브랜드입니다.
전 연령의 어린이에게 적합한 도서입니다. Printed in Korea

All rights reserved
including the right of reproduction in whole or in part in any form.
This edition published by arrangement with Sourcebooks, LLC.
This Korean translation published by arrangement with
Chris Ferrie in care of Sourcebooks, LLC through Alex Lee Agency ALA.

이 책의 한국어판 저작권은 알렉스리에이전시 ALA를 통해 Sourcebooks, LLC사와 독점 계약한 책세상에 있습니다.
저작권법에 의해 한국 내에서 보호를 받는 저작물이므로 무단 전재와 복제를 금합니다.